LOS SECRETOS DEL PÉNDULO

LOS SECRETOS DEL PÉNDULO

(Radiestesia)

Ralph Rutti

Grupo Editorial Tomo, S. A. de C. V.
Nicolás San Juan 1043
03100 México, D. F.

1a. edición, febrero 1998.
2a. edición, octubre 1998.
3a. edición, abril 2000.
4a. edición, diciembre 2005.
5a. edición, octubre 2008.
6a. edición, enero 2013.

Nicolás San Juan 1043, Col. Del Valle
03100 México, D.F.
Tels. 5575-6615, 5575-8701 y 5575-0186
Fax. 5575-6695
http://www.grupotomo.com.mx
ISBN: 970-666-005-4
Miembro de la Cámara Nacional
de la Industria Editorial No 2961

Diseño de portada: Emigdio Guevara
Diseño tipográfico e ilustraciones: Rafael Rutiaga
Supervisor de producción: Leonardo Figueroa

Impreso en México - *Printed in Mexico*

INTRODUCCIÓN

Desde la época prehistórica, el hombre ha tenido contacto con lo que llamaba sobrenatural. Abarcando dentro de este concepto a varias de las ciencias actuales, como la física, la química, la metafísica o la parapsicología.

En las paredes de algunas grutas se han encontrado pinturas rupestres, en donde se ven figuras humanas, que según algunos arqueólogos, pueden ser representaciones de brujos. En una de esas pinturas se ve a un hombre con cabeza de bisonte, y sujetando una especie de vara.

Existen datos de la antigüedad, acerca de hombres que localizaban corrientes subterráneas de agua o yacimientos minerales. Para lograr ésto, se ayudaban con una varita en forma de horquilla, que sujetaban con ambas manos, y caminaban con ella por delante, esperando el momento en que se moviera. Cuando la varita se movía, les indicaba el lugar donde tenían que excavar.

Grabado del siglo XVI, donde se ven algunas personas usando la varita.
(G. Agricola, *De Re Metallica*, 1556)

Esta varita fue el instrumento que se utilizó antes de que se hiciera más popular el uso de un péndulo. Y aunque algunas personas todavía usan la varita, la mayoría prefiere trabajar con el péndulo, pues ofrece más variantes y es más fácil de manejar.

Para las personas que no saben lo que es un péndulo, podemos dar esta sencilla definición:

Un péndulo es un objeto pesado, suspendido por un hilo, o varilla en algunos casos, que puede tener movimientos oscilatorios y giratorios.

Tal vez, los péndulos más conocidos son los de algunos grandes relojes de sala, que van marcando el tiempo con movimientos oscilatorios.

Pero en este libro, hablaremos de otra clase de péndulo, más pequeño y sencillo, pero que tiene una gran importancia desde el punto de vista de las personas que lo utilizan.

El péndulo se puede hacer con cualquier objeto suspendido por un hilo, pero dicho objeto no debe ser tan grande ni tan pesado, porque es necesario llevarlo con una mano, sujetando el hilo entre los dedos índice y pulgar.

Actualmente, el péndulo se utiliza para diversos fines. Entre ellos podemos mencionar los siguientes: Busqueda de personas o de objetos extraviados, localización de corrientes o yacimientos subterráneos, diagnóstico de enfermedades, elección de una dieta, etc.

En este libro te decimos cómo puedes hacer un péndulo, y la manera de usarlo. Pero te pedimos que tengas fe, que creas en lo que haces y en lo que piensas, ya que la efectividad para conseguir buenos resultados, dependerá de la capacidad mental e intuitiva de cada persona, y de su aplicación y constancia en el uso del péndulo.

Después de practicar determinado tiempo —que no será igual para todos—, te darás cuenta que tu vida ha cambiado positivamente, pues con seguridad el péndulo te ayudará a conocer otros aspectos de ti mismo y de las personas que te rodean.

BREVE HISTORIA DEL PÉNDULO

No se sabe exactamente quiénes fueron los primeros en usar el péndulo, pero existen datos que demuestran su utilización desde hace mucho tiempo.

Se han encontrado en las tumbas del Valle de los Reyes, en Egipto, algunas varillas y otros instrumentos que tienen cierto parecido con los péndulos.

En Roma, durante el reinado de Flavius Valens, se utilizó el péndulo para descubrir una conspiración. Ammanius Marcellinus, relata que en el siglo IV, este emperador hizo un péndulo con un anillo de oro colgado de un hilo. El péndulo fue pasado por encima de un alfabeto, y el anillo se detuvo en las letras que indicaban el comienzo de un nombre: Teo... El emperador condenó a muerte a todos aquellos cuyo nombre principiaba con estas letras. Pero esto no impidió que se cumpliera lo indicado por el péndulo, ya que después de este emperador, subió al trono Teodisio.

Posteriormente, en un manuscrito del siglo XI, durante la Edad Media, se menciona a la varita y al péndulo como instrumentos de "magia".

En 1518, Lutero condena el empleo de la varita y del péndulo, diciendo que funcionaban con la ayuda del diablo. Esto se debió a que algunas gentes los utilizaban para fines malignos.

Cerca de trescientos años después, en 1798, Antoine Gerboin, profesor de la Facultad de Medicina de Strasburgo, al observar a un niño jugando con una esfera de madera sostenida por un hilo, tuvo la idea de amarrar el hilo al dedo del niño. Al hacer esto, se dio cuenta que después de cualquier movimiento, la esfera siempre regresaba a su lugar inicial. Inmediatamente, comenzó a experimentar con cuerpos pesados suspendidos por un hilo de cañamo. Los resultados de sus experiencias le permitieron sacar conclusiones sobre "una fuerza particular que existe en el hombre".

Poco tiempo después, Ritter, un químico bávaro, se dedicó a realizar estudios comparativos acerca del péndulo, colocándolo por encima del agua o de algún cuerpo metálico.

Por aquellos tiempos, la actividad de las personas que manejaban la varita o el péndulo, era conocida como *Rabdomancia*, del griego *rhabdos* (varita) y *manteia* (adivino o profeta). Y el sujeto que portaba la varita o el péndulo fue llamado rabdomante o zahorí.

A partir de entonces, el péndulo se convirtió en el principal instrumento de los zahoríes.

Desarrollo de la Radiestesia

En 1854, el Barón Morogues publica *Las observaciones sobre los movimientos de las varitas y los péndulos*. Ahí expone su teoría sobre las radiaciones de los cuerpos y su influencia.

En 1911, se realizó en Hannover el primer *Congreso de Zahoríes*, con el patrocinio de la industria regional.

Dos años después, en Alemania, el Dr. Paul Beyer funda la *Unión Internacional de Zahoríes*, hoy de Radiestesistas. En el mismo año, en París, con la dirección de Armand Viré, Director del Laboratorio de Biología del Museo de París, se hace la primera prueba controlada en grupo, a la cual asistieron cerca de veinte zahoríes, consiguiendo resultados sorprendentes.

Por el año de 1919, los Abates Bouly y Bayard forman la palabra **Radiestesia**, acoplando dos raíces, una latina, *radius* (radio), y otra griega, *aisthesis*, (sensibilidad). Lo que define a este término como: Sensibilidad a las radiaciones.

En 1925, Alfred Lambert funda, en París, *La Maison de la Radiesthésie* (La Casa de la Radiestesia), que sigue funcionando en la actualidad.

Después, en 1929, León Delattre funda la *Association Francaise et Internationale des Amis de la Radiesthésie* (Asociación Francesa e Internacional de Amigos de la Radiestesia), y en ese momento se acepta la palabra **Radiestesia** para reemplazar al término Rabdomancia.

Tres años después, se reune en Avignon, Francia, el *Congrés International des Radiotelluristes et Sourciers* (Congreso Internacional de Buscadores de Radiaciones y Radiestesistas), presidido por el Dr. Jules Regnault, autor del libro *Baguettes et Pendules* (Varitas y Péndulos).

Al terminar la Segunda Guerra Mundial, se realiza en París un Congreso Internacional de Radiestesistas, y se crea el **Sindicato Nacional de Radiestesistas** de Francia.

En 1956, se celebra el Congreso Internacional de Locarno, y allí se forma la **Unión Mundial de Radiestesistas**.

EL PÉNDULO Y LA RADIESTESIA EN LA ACTUALIDAD

En este capítulo mencionaremos a varios radiestesistas que, ayudados por el péndulo, han logrado trascender en la historia, gracias a su sensibilidad e intuición. También hablaremos de sus descubrimientos, de sus éxitos, y de las aportaciones que han hecho para el desarrollo de la Radiestesia moderna.

Abate Alexis Bouly (1865-1958)

Como ya lo dijimos, fue quien formó la palabra Radiestesia, junto con su colega Bayard.

Fue nombrado párroco de Hardelot, en 1910, en el Paso de Calais, donde descubrió sus dotes para utilizar el péndulo. La fama de sus éxitos fue tan grande, que lo invitaron a Polonia, Rumania, Portugal y España, lugares donde demostró sus habilidades.

El Gobierno Francés le concedió la Cruz de Caballero de la Legión de Honor, en 1950.

Era un hombre sencillo, que se llamaba a sí mismo "un simple buscador de vibraciones".

Abate Alexis Mermet (1866-1937)

Fue llamado "Príncipe de los Zahoríes", debido a su gran capacidad como radiestesista. Esta capacidad, le llegó por herencia, ya que sus padres y abuelos fueron buenos radiestesistas. Se ordenó sacerdote en 1890 y fue párroco, en Landeron, Saint-Prex y, finalmente, en Jussy, población cercana a Ginebra.

Se le considera el descubridor de la Telerradiestesia (captación de vibraciones a una gran distancia), actividad que demostró en varias ocasiones.

El 23 de junio de 1928 el periódico *Le Journal de Genéve* publicó una noticia sobre el accidente del dirigible *Italia*, que realizaba la expedición Nobile hacia el Polo Norte. El Abate Mermet, desde su casa cural de Saint-Prex, había establecido, con la ayuda de su péndulo y con absoluta precisión, el percance del dirigible. Esta noticia, fue conocida cuarenta y ocho horas antes de que llegara el telegrama de los expedicionarios confirmando el accidente. Este suceso, y algunos otros, le dieron una gran fama, reconociéndolo como un radiestesista extraordinario.

En 1935, escribió su libro *Comment J'opere* (Cómo trabajo yo), que ha sido traducido a varios idiomas, y del cual se han hecho numerosas ediciones.

Vizconde Henry de France (1872-1947)

Llamado el "aristócrata de la Radiestesia", fue muy conocido por su capacidad para encontrar corrientes subterráneas de agua. Escribió varios libros, entre ellos: *Le Sourcier Moderne* (El Zahorí Moderno) en 1924, *Souvenirs d'un Sourcier* (Memorias de un Zahorí) y *Radiesthésie Agricole* (Radiestesia Agrícola) en 1932. Fundó la revista *La Chronique des Sourciers* (La Crónica de los Radiestesistas), que dejó de publicarse en 1940. Fue el sucesor del Abate Bouly en la presidencia de la *Association des Amis de la Radiesthésie*.

Joseph Treive (1877-1946)

Fue un horticultor de Moulins que practicó la radiestesia a distancia, logrando numerosos éxitos. En 1939 obtuvo este asombroso resultado: en 840 casos de búsqueda de aguas subterráneas, sólo una vez se equivocó.

Antonie Luzy (1872-1954)

Durante mucho tiempo fue profesor de la Escuela Nacional de Artes y Oficios de París, y

Secretario adjunto de la *Societé d'Etudes Psychiques de Lille* (Sociedad de Estudios Psíquicos de Lille). A él le debemos la teoría sobre la Radiestesia Psíquica o Mental. Escribió cinco libros fundamentales: *La Radiestesia Moderna, La Educación Radiestésica, Formación completa y profunda del Radiestesista Moderno, El Perfeccionamiento Radiestésico, La Búsqueda Radiestésica y el Ocultismo frente a la Ciencia y la Filosofía.*

Algunos radiestesistas han opinado que las vibraciones percibidas por el péndulo, son un fenómeno físico, mientras que otros, dicen que se trata de algo mental.

El investigador alemán Barón Karl von Reichnbach, escribió lo siguiente: "todos los cuerpos emiten o irradian alguna cosa que no disminuye su peso, que atraviesa el vidrio, incluso a distancia, y que ejerce tan potentes acciones que produce efectos motores, es decir, que ella domina los movimientos del péndulo".

Los radiestesistas de la tendencia física tienen dos explicaciones para el fenómeno radiestésico:

1.- El radiestesista es simplemente un receptor de ondas, las cuales, emitidas por el cuerpo u objeto buscado, se hacen perceptibles gracias al instrumento radiestésico utilizado.

2.- El radiestesista es un emisor y un receptor de ondas, algo así como una especie de "radar", capaz de enviar ondas hacia el objeto buscado, las cuales se "reflejan" en dicho objeto, regresando hacia el radiestesista, y provocando el movimiento del péndulo.

Los seguidores de la escuela de Hermes Trismegisto, han sostenido, desde hace mucho tiempo, el llamado "principio de la vibración", que dice lo siguiente: "Nada está inmóvil; todo se está moviendo; todo vibra" (El Kybalión, Editora y Distribuidora Tomo Dos, México, 1997).

La ciencia moderna, afirma: "Toda la naturaleza parece vibrar, y el conjunto de la creación misma parece un complejo enmarañamiento de vibraciones de extensiones diversas. El estudio del espectro solar nos dará una idea de lo que la radiestesia sensorial cree captar". (Enciclopedia Planeta No. 33, Fundamentos de la Radiestesia).

La tendencia mental

José María Pilón y Valero de Bernabé, en su libro *Radiestesia Psíquica* (Ediciones Mundi-Prensa, 1976), clasifica la actividad radiestésica como perteneciente al grupo de los fenómenos psi-gamma o de conocimiento. Para pensar esto, tiene tres razones, que son las siguientes:

1.- Detrás del instrumento radiestésico se encuentra siempre un ser humano, hombre o mujer, y "este es el elemento imprescindible para que el fenómeno radiestésico se produzca".

2.- Las diversas hipótesis de carácter físico, no satisfacen al autor. Queda sin explicación, la búsqueda a distancia o telerradiestesia.

3.- "Todo el proceso de la acción radiestésica se desarrolla íntegramente en el espíritu del practicante y no en el objeto o sustancia detectados por el péndulo o la varilla".

Antonie Luzy, en su libro *La Radiestesia Moderna*, afirma: "La Radiestesia es el arte de poner en juego, directa y voluntariamente la actividad inconsciente en la búsqueda de objetos imposibles de descubrir por otros medios. Y al hablar de búsqueda de objetos entiéndase que nos referimos a personas, a cosas, y a todo aquello que puede ser objeto de indagaciones sumamente diversas". Después agrega: "La definición lisa y llana de la Radiestesia, en relación con la realidad de las cosas, no satisface a todos sus practicantes, que ven, o más bien creen ver, en su arte, manifestaciones de fuerzas desconocidas, exteriores a ellos mismos —cuya esencia por otra parte, nada prueba—, complicándolo así con aportaciones imaginarias que terminan por hacer desaparecer la verdad".

Sobre las búsquedas radiestésicas, Antoine Luzy opina así: "Independientemente de las diversas búsquedas de orden puramente material, relativas al descubrimiento de corrientes de agua, filones minerales, individuos desaparecidos, objetos perdidos, autores de cartas anónimas, etc., la radiestesia permite hallar la solución de ciertos problemas científicos, dirigir la exteriorización del pensamiento, determinar actos de influencia mental de un individuo a otro, interrogar el pasado sobre los puntos oscuros de la historia, suscitar ideas en otras personas, discernir el fondo de los pensamientos de los demás, transmitir mensajes telepáticos confusos, descubrir las afecciones malignas en los seres vivos y, en fin, prever las consecuencias de un acontecimiento y las derivaciones ignoradas de un hecho ya sucedido o de un acto comenzado. Es sobre todo en la previsión limitada del futuro, en la premonición, donde los resultados son más asombrosos".

El periodista francés Michel Moine, en su libro *Guía de la Radiestesia* (Editions Stock, 1973), define lo siguiente: "La Radiestesia es el arte de utilizar el péndulo o la varita, haciendo intervenir la actividad inconsciente, como ayuda para descubrir todo lo que está oculto a las facultades normales del individuo, pero cuya existencia sea real. Toda persona capaz de concentrar su pensamiento puede practicar con éxito la radiestesia después de un entrenamiento simple y racional".

Jean Jurion, autor de importantes libros sobre radiestesia, afirmó: "La Radiestesia es un test, un control, una facultad, basada en una sensibilidad neuro-muscular, la cual, gracias a un reflejo convencional, permite, por el lenguaje interior, tomar conciencia del pensamiento que existe en nosotros sin que lo sepamos".

En este libro hablaremos sobre el movimiento del péndulo como un proceso mental, verdadero y efectivo, en el cual intervienen como factores importantes la sensibilidad y la intuición de cada persona.

AUXILIARES DEL PÉNDULO

Existen objetos y pensamientos que ayudan al buen funcionamiento del péndulo, así como algunos ejercicios mentales. Te hablaremos primero sobre el trabajo mental.

Para que el péndulo funcione correctamente, tu trabajo mental, debe dividirse en dos partes:

1.- **Concentración mental**: tienes que concentrarte exclusivamente en el sujeto u objeto de la búsqueda, sin pensar en ninguna otra cosa.

2.- **Acuerdo mental**: es un pacto que haces contigo mismo, para poder interpretar los movimientos del péndulo. Ejemplo: pensarás que el péndulo debe girar hacia la derecha para indicar un "sí"; y por el contrario, deberá girar hacia la izquierda, para indicar un "no".

El entrenamiento mental

Consiste en reunir y guardar en el subconsciente un buen número de conocimientos relacionados con las investigaciones en proyecto. En el momento de la actividad radiestésica, la interpretación provocada por una especie de resonancia entre el objeto de la investigación y la sensibilidad del radiestesista se efectuará automáticamente por medio del péndulo.

Cuando una persona quiere buscar corrientes subterráneas de agua, debe tener algunos conocimientos geológicos, con el fin de que su sensibilidad esté preparada para esta clase de trabajo.

Pero supongamos que sea médico y que quiere practicar la radiestesia médica. En este caso, no es necesario que realice un entrenamiento subconsciente, puesto que ya tiene todos los conocimientos necesarios para ejercer su profesión. Pero debe poner mucho cuidado de no tener ideas preconcebidas, y autosugestionarse a la vista del enfermo, ocasionando errores en el trabajo radiestésico. Por lo tanto, debe mantener un estado mental neutro, a fin de no entorpecer su actividad subconsciente.

El acuerdo mental

Como ya lo dijimos antes, este pacto es originado por el pensamiento de cada persona; no existe un reglamento general para la interpretación de los movimientos del péndulo, pero regularmente, los movimientos hacia la derecha o los giros en la misma dirección que las manecillas del reloj, son establecidos como positivos; mientras que los movimientos hacia la izquierda y los giros en dirección contraria de las manecillas del reloj, son interpretados como negativos.

Los testigos radiestésicos

Así son llamados los objetos o pensamientos que se utilizan para facilitar el trabajo con el péndulo.

Además del acuerdo mental indispensable, los testigos radiestésicos pueden ser, en muchos casos, el factor necesario para obtener un buen resultado al trabajar con el péndulo.

Los testigos radiestésicos pueden ser de dos clases:

1.- **Testigos objetivos** (cosas materiales).

2.- **Testigos subjetivos** (pensamientos).

José María Pilón, refiriéndose a estos auxiliares, en su libro *Radiestesia Psíquica*, dice: "Llamamos testigo a un fragmento de sustancia lo más idéntica posible al objeto o materia que se busca, o que haya tenido con ella algún tipo de afinidad o contacto que de alguna manera hubiera quedado impregnada de ella.

"Esto es con respecto a los testigos de carácter físico. Porque puede emplearse, especialmente cuando el radiestesista es persona muy dotada, el testigo mental o un testigo artificial, diferente de la naturaleza real de lo que se busca".

Testigos radiestésicos objetivos

Estos, pueden clasificarse a su vez en cuatro grupos:

1.- **Testigos naturales.**

2.- **Testigos impregnados.**

3.- **Testigos artificiales.**

4.- **Testigos fotográficos.**

Testigos naturales

No son otra cosa más que muestras o residuos del objeto que se busca. Antoine Luzy, en su libro *La Radiestesia Moderna* da la siguiente definición:

"Son muestras de la materia que se busca; pueden ser de cualquier procedencia y diferir de ella en su composición, pero deben contener, sin embargo, cierta proporción. Incluso pueden ser derivados: fuel-oil, por ejemplo, derivado del petróleo, puede servir para buscar esta sustancia. Las muestras, cuyas dimensiones carecen de importancia, pueden estar en bruto o trabajadas. Los testigos de minerales metálicos pueden servir para buscar los metales que los contienen. Se pueden emplear cabellos o uñas como testigos naturales de las personas".

Testigos impregnados

Son aquellos que han estado en contacto con el sujeto o el objeto buscado. Por ejemplo, en la búsqueda de personas, regularmente se usa la ropa que acostumbraban vestir, o las joyas que siempre lucían.

Con respecto a los testigos impregnados, Antoine Luzy opina así: "Los frascos que hayan contenido sucesivamente diferentes líquidos pueden ser testigos de ellos, aun después de haber sido lavados y neutralizados, pues las emanaciones radiestésicas de los cuerpos no desaparecen. La esencia de todas las cosas existentes en la Naturaleza, es algo que no muere jamás. Las cajas y los estuches impregnados de las emanaciones de las cosas que han contenido, pueden revelar el paso de esas cosas por ellos; con las interrogaciones adecuadas, es posible establecer su composición, y conocer la época y duración de su estancia.

"Una casa puede ser testigo de los seres que vivieron en ella, y la impregnación adquiere aquí un carácter muy especial, puesto que los seres vivos dejan un poco de su vida activa en los muros y en las cosas que presenciaron sus actos, sus palabras, la expresión de sus tendencias, de sus pasiones. Tal vez se le pueda interrogar y descorrrer así el velo de ciertos misterios".

Acerca del fenómeno de la "impregnación" y de su consecuencia inmediata, la "remanencia" (lo que queda), mencionaremos las investigaciones del Dr. Genady Sergeyev, científico ruso, consultor de varios institutos de Leningrado y a quien se considera, con justa razón, el más importante investigador de los fenómenos paranormales en Rusia.

El Dr. Sergeyev afirma: "cada ser humano deja una huella en su medio, porque siempre estamos emitiendo energía, la cual absorben y guardan los objetos a nuestro alrededor. La energía nunca se puede destruir. Por lo tanto, nuestras huellas de energía se conservan técnicamente durante toda la eternidad, junto con las huellas de las demás personas que han estado en el mismo lugar".

Testigos artificiales

Esta clase de testigos se hacen escribiendo en un trozo de papel o cartulina el nombre de lo que se busca. Sólo se utilizan cuando no es posible conseguir un testigo natural o impregnado.

La opinión de José María Pilón, dice así: "Es necesaria su utilización cuando se da la imposibilidad de obtener un testigo natural, circunstancia que se repite con muchísima frecuencia. Naturalmente que el uso de testigos artificiales exige del radiestesista un dominio muy perfecto del acuerdo mental y de la orientación o designación mental, ya que en virtud de la misma el radiestesista encuentra, entre todos los objetos o sustancias existentes dentro del campo de la búsqueda, solamente aquel que él desea y cuyas propiedades son idénticas a las que él, por autosugestión reconoce al testigo artificial empleado. Recuérdese lo que hemos expresado acerca de la confección de testigos por la sola escritura en un trozo de papel o cartulina del nombre de la sustancia u objeto buscado.

"La utilización de testigos artificiales constituye un argumento, para nosotros definitivo, en contra de las interpretaciones físicas del fenómeno radiestésico, al tiempo que subraya poderosamente la hipótesis que mantenemos, del carácter psicosomático del fenómeno como expresión de unas, hasta ahora, misteriosas manifestaciones de la fuerza y de las infinitas capacidades del inconsciente humano y de la autosugestión".

Testigos fotográficos

Actualmente, la fotografía se ha convertido en un auxiliar muy importante para diversas ciencias. En el caso de la Radiestesia, el testigo fotográfico es sumamente útil.

Cuando se toma una fotografía nadie sospecha que, además de las radiaciones humanas procedentes del exterior del sujeto, la emulsión fotográfica registra otras radiaciones invisibles, que vienen de su interior.

La fotografía constituye no sólo la imagen luminosa de un individuo, sino también una descripción de su personalidad, en la que es posible reconocer, aparte de sus características externas, su estado patológico, su posición en el pasado y en el presente, las crisis por las que haya atravesado, sus diferentes desplazamientos, sus lugares de estancia y de habitación, etc.

Se ha comprobado la existencia de radiaciones invisibles procedentes de una persona, que pueden ser captadas por un radiestesista, ya que, lo mismo que las radiaciones luminosas, se reflejan y refractan a través de todas las sustancias, como el cristal del lente de la cámara. Tenemos entonces, dos clases de radiaciones, unas luminosas y otras invisibles a nuestros ojos, pero perceptibles por medio de un sentido particular, dormido en la mayoría de las personas, pero despierto y ejercitado en el radiestesista.

Cuando se toma la fotografía de un paisaje o de un edificio, ésta conservará lazos indestructibles con el lugar representado, hasta el punto de que un radiestesista experto podrá hallarlo sobre un mapa o un plano, aunque se encuentre muy lejos. Si es un retrato, este conservará ciertas relaciones con la persona representada en la fotografía. Desde el punto de vista radiestésico, se le puede considerar en suma, una cristalización de todas las características del sujeto, tanto físicas como mentales.

Enrico Vinci, físico y radiestesista italiano, explica la utilización del testigo fotográfico por medio de la llamada "Ley de los Elementos Semejantes" (similia), que dice así:

"Los elementos semejantes están unidos entre sí, por un vínculo o conexión invisible. Así que algo especial une a la persona y a sus obras, a su fotografía, a su escritura y a sus objetos personales. Puede ser, también, que la persona y sus pertenencias vibren con la misma intensidad y por eso se establece una relación entre ellas".

Testigos radiestésicos subjetivos

El Profesor Antonie Luzy, en su libro *La Radiestesia Moderna*, opina: "el acuerdo mental rige además escencialmente el empleo de los testigos, maravillosos accesorios de la búsqueda, y cuyo papel es exclusivamente convencional y puramente selectivo. El testigo es un fragmento de sustancia lo más idéntica posible a la buscada, o que tenga afinidades esenciales con ella. Puede ser sólido, líquido o gaseoso, pero la necesidad que define su papel y su carácter puede reconocerle igualmente, gracias a la autosugestión, una naturaleza ficticia y ocasional, diferente a su naturaleza real y permanente".

La utilización de un testigo se hace con el fin de facilitar la investigación, por un fenómeno de sintonía, según algunos, o subjetivo según otros. Por lo que sea, es un hecho comprobado que el testigo ayuda en el trabajo radiestésico, sobre todo, a los nuevos practicantes.

Cuando el practicante es un radiestesista experimentado, puede reemplazar el testigo material por un testigo mental. Sólo tiene que pensar intensamente en lo que busca, y formar en su pensamiento una imagen mental del objeto de su investigación. Dicho objeto debe ser perfectamente conocido por el practicante, tanto visualmente como en su esencia.

Por ejemplo: Si se busca a una persona desaparecida, sobre un plano o mapa, y no se le conoce bien, es necesario utilizar un testigo de ella; que puede ser una fotografía, cabellos, una prenda de vestir, etc. Pero en caso de conocerla bien, no es necesario el testigo, pues se realiza la investigación pensando intensamente en el desaparecido.

Como te habrás dado cuenta, los testigos radiestésicos, objetivos o subjetivos, son muy importantes para obtener un buen resultado en la búsqueda de cualquier cosa.

Además de los testigos radiestésicos, existen algunos instrumentos que también pueden ser auxiliares del péndulo, según las necesidades de cada caso. Pero de ellos te hablaremos más adelante.

¿POR QUÉ SE MUEVE EL PÉNDULO?

Sabemos que estamos viviendo en un medio compuesto de energía, donde cada organismo está rodeado de ella, y que dicha energía puede ser positiva o negativa. Para sobrevivir, cada organismo ha desarrollado ciertas facultades para detectarla, beneficiándose con la energía positiva, y protegiéndose de la negativa. Se ha demostrado en experimentos que las plantas se alejan de las personas que irradian una energía negativa hacia ellas. También se ha comprobado que los animales perciben el peligro.

El ser humano ha desarrollado esta capacidad, pero sin darse cuenta de ello. Esto puede ser causado por nuestros pensamientos preconcebidos o por un apego a nuestras facultades intelectuales. Ignoramos esta sensibilidad y no percibimos lo que ocurre en otro nivel de percepción.

Es común el hecho de llegar a algún lugar, y sentirse rechazado inmediatamente, aun sin haber hablado con alguna persona. Se siente el malestar, se intuye el rechazo.

Cuando nos sucede algo así, tratamos de ignorar estas sensaciones y continuamos nuestro camino, pero esta sensación es una señal indicando que la energía del lugar no es favorable para nosotros.

A pesar de esto, nuestros cinco sentidos no nos han proporcionado ningún dato en qué basar nuestra sensación de incomodidad, pero algo más profundo en nuestro interior, capta la energía negativa.

El Conde Alfred Korzybski define la vida como: "la cantidad de energía contenida por cualquier sistema nervioso, que parece funcionar como un ordenador cósmico, acoplado a un aparato receptor cósmico ultrasensible. Un sistema nervioso adecuadamente entrenado y sensible no necesitaría ningún tipo de ayuda externa para averiguar la información que deseara. Si alguien tuviera esa sensibilidad, sólo tendría que pensar en la pregunta o problema, y su cerebro enviaría rayos de energía a explorar el infinito para traerle la información requerida. Obtendría o percibiría la respuesta como una sensación física".

Desafortunadamente, la mayoría de las personas no han evolucionado hasta ese punto. Por eso necesitan ayuda para interpretar o aumentar determinada energía que recibe su sistema nervioso. Y el péndulo es el instrumento encargado de proporcionar esa ayuda.

La función del péndulo es captar la energía e interpretarla mediante los códigos establecidos, entre la mente consciente y subconsciente.

Un radiestesista experimentado no ve la respuesta únicamente en el movimiento del péndulo, sino que también la siente o detecta en la mano, en el brazo o en todo su cuerpo.

Para explicar el movimiento del péndulo en el caso de la telerradiestesia, diremos que la mente envía energía, la cual llega a ponerse en sintonía con la energía del objeto buscado. El radiestesista capta esta energía en su misma escala. Esta energía vibra dentro de una frecuencia, que es percibida por el sistema nervioso del radiestesista, provocando el movimiento del péndulo.

Algunas ocasiones, podrían existir interferencias de otros tipos de energía. Para evitar estas interferencias, es preferible esperar otro momento más propicio para utilizar el péndulo.

También es muy importante la capacidad de concentración del radiestesista, para que no sea influido por la interferencia energética de pensamientos ajenos.

Algunas gentes podrían pensar que el manejo del péndulo es difícil, pero esto se debe a que no conocen su propia capacidad sensitiva e intuitiva, que puede ser extraordinaria. Cualquier persona es capaz de utilizar el péndulo, lo único que debe hacer es comenzar a practicar y, después de algún tiempo, será un hábil radiestesista.

Es un hecho que el péndulo se mueve, que gira hacia determinada dirección, indicando con su movimiento una respuesta.

Si no quieres entrar en detalles acerca de la comprensión del movimiento del péndulo, no lo hagas ahora, ya que poco a poco, conforme vayas practicando, lo irás entendiendo.

ELABORA TU PROPIO PÉNDULO

Existen muchos lugares donde podrías comprar un péndulo, pero nosotros te recomendamos que lo hagas tú mismo.

Un péndulo se puede hacer con cualquier objeto pesado, suspendido de un hilo. El largo del hilo puede variar entre 10 y 25 centímetros.

Los materiales más comunes, prácticos y durables para hacer un péndulo son la madera, el metal, el vidrio, la baquelita, el plástico y el ámbar.

Algunos radiestesistas y artesanos fabricantes de péndulos opinan que los péndulos metálicos sólo debieran emplearse para fines específicos, ya que responden mejor a ciertas influencias definidas. Esto es porque, regularmente, los metales actúan como conductores. Entonces, las vibraciones metálicas interfieren con los resultados correctos. Los péndulos de hierro son muy sensibles a los campos magnéticos, en tanto que los de cobre suelen detectar cargas eléctricas muy pequeñas.

Las sustancias neutras, que no son conductoras, son las adecuadas para fabricar péndulos: las más usadas son vidrio, madera y plástico.

El péndulo puede ser redondo, cilíndrico, cónico, rectangular, etc.; pero es indispensable que sea simétrico.

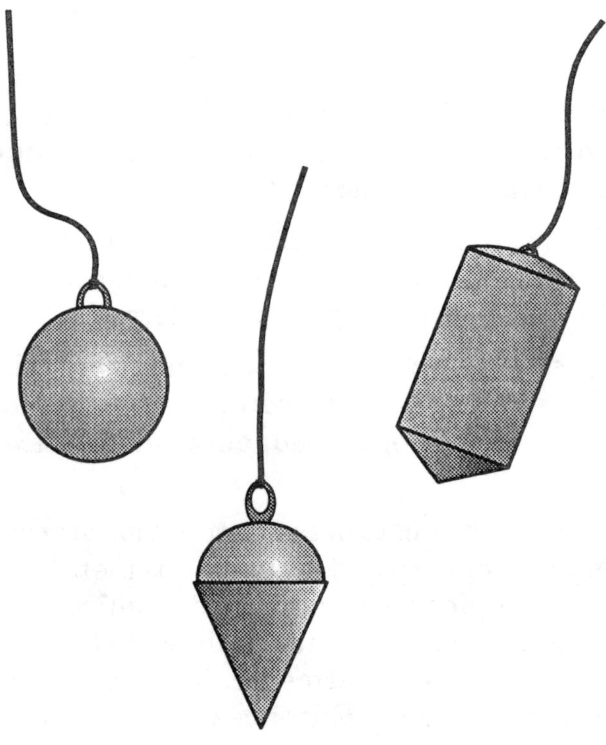

Cuando es redondo tiene la ventaja de que no le afecta tanto el viento; y la desventaja de que puede ser insensible a ciertos cambios ligeros, muy importantes para algunas indicaciones.

Algunos radiestesistas eligen la forma cilíndrica debido a su exactitud; otros prefieren la forma cónica o piramidal.

Para suspender el péndulo, debe elegirse un material flexible, con el fin de que pueda balancearse libremente. Los materiales más usados son: hilo, cordón, cadena, cáñamo blanco, cuerda de pescar de nilón y seda negra. Además de flexible, debe ser resistente. La cuerda de pescar de nilón parece ser el material más barato y duradero. El hilo de coser corriente es flexible, pero débil.

Varias personas han escrito libros donde describen cómo hacer un péndulo sencillo, para principiantes. La astróloga de fama internacional Sybil Leek dice: "Para construir su propio péndulo, consiga una cuenta pequeña de vidrio o plástico y átela a un trozo de hilo, preferiblemente de seda negra. Opcionalmente puede usar en lugar de la cuenta un pequeño anillo, como un anillo de bodas o de compromiso".

El médico y radiestesista inglés Henry Tomlinson aconseja a los principiantes que: "tomen un carrete o bobina de madera de color negro y lo suspendan de un hilo negro, de una longitud de quince centímetros aproximadamente".

Tanto Tomlinson como Leek recomiendan el color negro, pero no debido a ninguna razón de magia negra. La explicación es sencilla y científica: todos los colores tienen una magnitud de vibración; el color negro hace vibrar una onda menos fuerte que los colores del arco iris, evitando así la posibilidad de alguna interferencia.

William J. "Bill" Finch, famoso investigador psíquico, dice cómo hacer un péndulo casero:

"Puede usted fabricar su propio péndulo insertando una aguja en una bola de hoja de aluminio, en un corcho o en cualquier otro material a través del cual pueda pasar la aguja. El ojo de la misma, servirá para atar la cuerda o cadena del péndulo. La punta se convierte así en el indicador. Le aconsejamos que recorte con las tijeras la punta de la aguja para evitar accidentes..."

Como te habrás dado cuenta, cada quien elabora su péndulo de distinta manera, con los materiales que le parecen más adecuados y eficaces.

Hay quienes prefieren un péndulo hueco, para colocar ahí una muestra de lo que se busca (ver ilustración en la página siguiente).

Tú puedes hacerlo como mejor te parezca y con el material que quieras, respetando las características que debe tener, como son: por un lado, el peso y la simetría del objeto; y por el otro, la resistencia, flexibilidad y longitud del hilo.

Además, te aconsejamos hacer tu propio péndulo, porque existe la posibilidad de que así, tendrá una mejor adaptación a tus vibraciones personales.

PRACTICANDO CON EL PÉNDULO

Es necesario hacerte ciertas recomendaciones, para que comiences a practicar con el péndulo.

1.- Debes tener una buena condición, tanto física como mental. El cansancio, la tensión nerviosa, la depresión, o cualquier malestar, hacen difícil el trabajo con el péndulo.

2.- Cuando practiques solo, debes hacerlo en un lugar adecuado, sin ruidos de aparatos electrónicos o cualquier otra cosa que te distraiga.

3.- Para conseguir buenos resultados, tienes que estar relajado y concentrado. Debes aprender a lograr esto. Existen varios métodos para relajarse adecuadamente, los cuales van desde la práctica de la respiración rítmica hasta el uso de grabaciones con música y sonidos apropiados. Por lo que se refiere a la concentración, si no la logras, será difícil o imposible tener un buen resultado en tu trabajo con el péndulo.

4.- Las preguntas que hagas, deben tener como respuesta un sí o un no. Es inútil hacerle preguntas que no puedan contestarse en forma concreta. El péndulo no se moverá si la pregunta es muy confusa e indefinida.

5.- Tu mente debe estar libre de emociones, en un estado neutral. Si quieres obtener una interpretación correcta, no debes tener una opinión ya establecida ni sentir una emoción determinada por una repuesta, ya que estas emociones influirán en el movimiento del péndulo. Se trata de obtener una respuesta verdadera, aunque vaya contra tus deseos. Estar en tal estado es quizá lo más difícil al trabajar con el péndulo, pero, cuando lo logras, será un instrumento que te servirá siempre. Mientras no logres ese estado de neutralidad, cuando quieras investigar sobre asuntos que te afecten personalmente, lo correcto será pedirle a otra persona que no tenga ningún interés en el asunto, que haga el trabajo.

6.- Cuando trabajes sobre una mesa o escritorio, siéntate bien, con los pies separados y bien apoyados en el piso. No cruces los brazos ni las piernas, porque puedes provocar interferencias.

7.- Después de establecer en tu subconsciente determinados acuerdos mentales, no tendrás que repetirlos. Bastará con ponerte a practicar e interpretar los movimientos del péndulo.

Cómo sostener el péndulo

Se sujeta el hilo del péndulo entre los dedos índice y pulgar, manteniendo las articulaciones relajadas, pues son los movimientos inconscientes de los dedos, los que harán que el péndulo se mueva. Si los dedos están tensos o tiesos, el movimiento del péndulo no podrá ser posible.

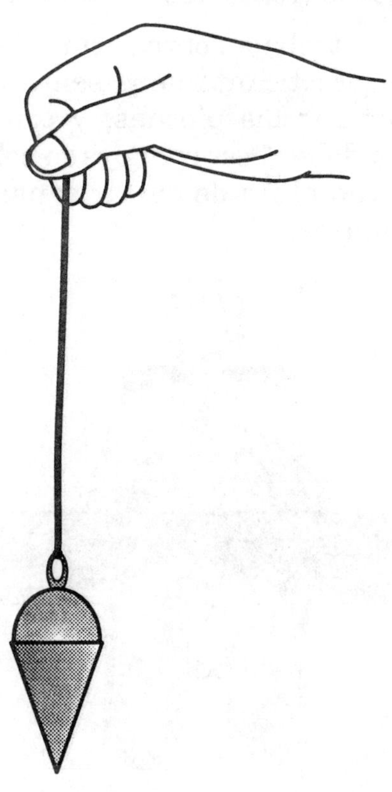

La longitud del hilo se regula observando el movimiento del péndulo. Para hacer esto, se toma el hilo dejando 4 ó 5 centímetros entre la mano y el péndulo. Entonces hay que balancearlo, e ir dejando que el hilo se deslice suavemente entre los dedos, hasta obtener un movimiento lo más libre y claro posible.

Para evitar cualquier distracción, lo que sobre del hilo deberá guardarse en el hueco de la mano, valiéndose de los tres dedos restantes.

Cuando se trabaja sobre algún plano, mapa o fotografía, el practicante debe sentarse correctamente, sin cruzar las piernas, y con la espalda recta, su codo deberá estar apoyado sobre la mesa o escritorio, con el fin de evitar cansancio o tensiones musculares.

En la práctica al aire libre, el antebrazo debe mantenerse flexionado naturalmente en posición horizontal, con el brazo pegado al cuerpo y la mano que sostiene el péndulo relajada, como si la muñeca estuviera rota.

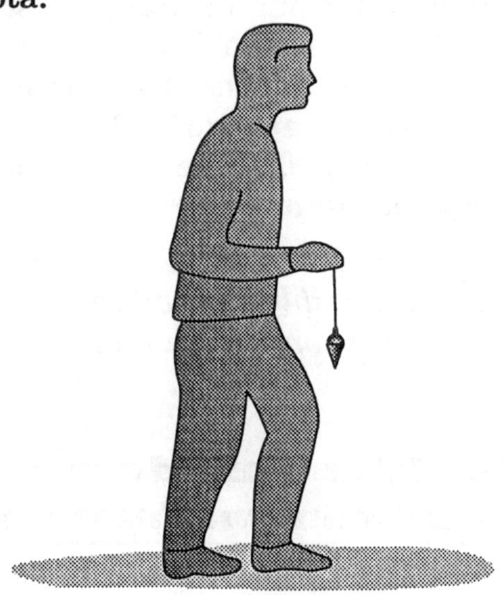

Para evitar cualquier sugestión, se recomienda no mirar directamente al péndulo.

El trabajo mental

Para empezar a trabajar con el péndulo, tienes que "programar" tu mente.

Pueden existir dos factores para realizar esta programación:

1.- Que la persona interesada esté presente.

2.- Que la práctica se realice utilizando un testigo radiestésico.

Cuando la persona interesada está presente, se coloca a la izquierda del practicante, y se toma su mano derecha, con los dedos índice, medio y pulgar unidos, sin apretarla. Y se programa la mente pensando en ella intensamente, *para sentir su energía y sus vibraciones.*

En el segundo caso, la programación será: *deseo hacerme sensible a las vibraciones del testigo radiestésico, para conseguir un buen resultado.*

Ejercicios para desarrollar la concentración mental

Con este tipo de ejercicios se logra una buena precisión mental, que será muy útil para cualquier trabajo con el péndulo.

Coloca en una mesa o escritorio varios objetos distintos. Obsérvalos detenidamente durante treinta segundos, pero sin tratar de memorizar su forma.

Después, en una hoja de papel, los dibujarás tratando de reproducir lo más fielmente que puedas, cada uno de ellos.

Nota: No es necesario dibujar estos objetos con todos sus detalles. Lo importante es recordar sus características generales.

Cuando termines los dibujos, comprobarás su forma observando nuevamente los objetos, si los dibujos coinciden con los modelos reales, puedes continuar con otro ejercicio; pero si los dibujos no se parecen a los objetos, tendrás que repetir el ejercicio, las veces que sean necesarias, hasta que consigas un buen resultado.

Otro ejercicio de percepción, para acondicionar la mente, puede ser el siguiente:

Dile a cualquier persona que se pare frente a ti, y obsérvala de una manera general durante treinta segundos.

Si tratas de memorizar su imagen con todos sus detalles, estarás engañándote tú solo, ya que así, el ejercicio no tendrá mucha efectividad.

Después de observar a esta persona, toma una hoja de papel y escribe en ella el tipo y el color de las prendas que vestía; luego, dibuja la forma de cada prenda.

Por último realiza la comparación, observando a la persona otra vez. Si captaste sus características generales, quiere decir que estás listo para comenzar a practicar con el péndulo.

Primeros ejercicios con el péndulo

La mente subconsciente es incapaz de originar algo. Sólo funciona en base a órdenes transmitidas por una fuente exterior; en este caso, por la mente consciente del practicante.

Para que el péndulo "aprenda" a realizar ciertos movimientos, es necesario programar al subconsciente, informándole cuáles serán los movimientos que indicarán una respuesta, ya sea afirmativa, negativa o probable. El subconsciente debe asimilar esta programación, para que pueda tener lugar la comunicación adecuada.

Con la finalidad de evitar cualquier distracción, uno debe realizar los primeros ejercicios estando a solas y con la mayor calma posible.

El siguiente ejercicio te servirá para acondicionar tu subconsciente a la hora de establecer un acuerdo mental.

En una hoja de papel blanco, dibuja lo siguiente: una flecha horizontal; una flecha vertical; una flecha en semicírculo, siguiendo la dirección de las manecillas del reloj; y una flecha en semicírculo en sentido contrario (ver ilustración en la página siguiente).

Suspende el péndulo sobre la flecha en dirección horizontal.

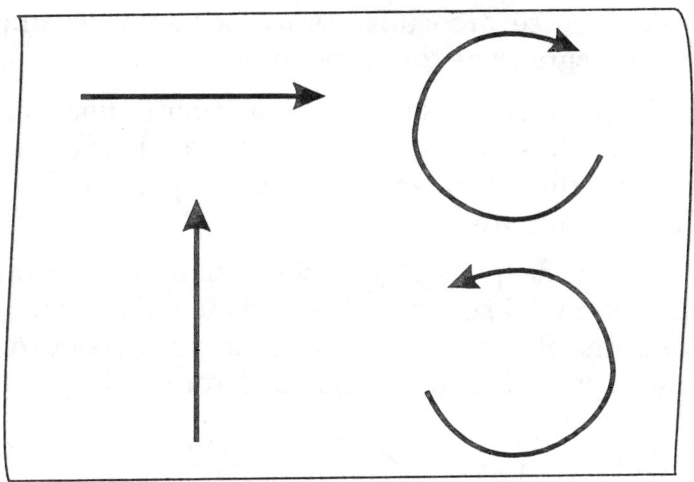

En seguida, ordénale mentalmente que se mueva en la misma dirección que la flecha. **No lo muevas con la mano, utiliza únicamente tu poder mental.**

La mayoría de las veces, el péndulo te obedecerá.

Esto resulta sorprendente para aquellas personas que no comprenden los fenómenos mentales, pero es algo completamente natural. La mente tiene el poder necesario para influir en la materia, y este ejercicio es una prueba de ello.

Si no consigues que el péndulo obedezca a tu mente, puede ser que estés cansado, que te falte acondicionamiento mental, o que no tengas la suficiente energía mental para hacer que se mueva.

Pero no te preocupes tanto por esto, ya que estamos seguros de que el péndulo se moverá.

Ya que hayas logrado el movimiento horizontalmente varias veces, comienza a practicar con la flecha en dirección vertical, hasta que domines dicho movimiento.

Realiza después el ejercicio sosteniendo el péndulo encima del semicírculo dibujado en el sentido de las manecillas del reloj, y ordénale con la fuerza de tu mente que gire en esa misma dirección.

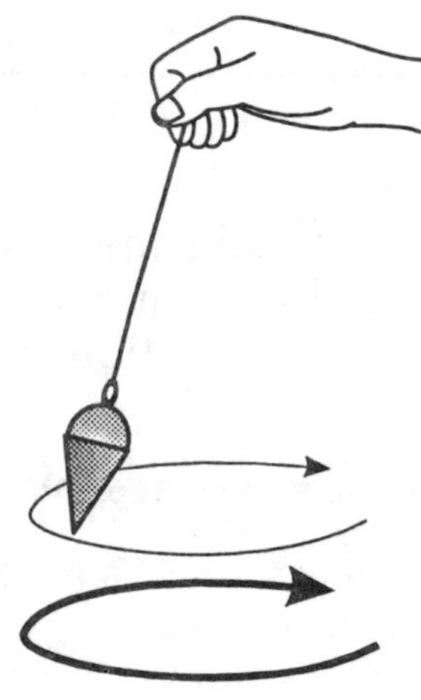

Después, haz lo mismo con el semicírculo que va en sentido contrario a las manecillas del reloj.

Cuando seas capaz de hacer que el péndulo se mueva hacia la dirección que quieras, podrás pasar a los siguientes ejercicios.

Lo que debes hacer después de dominar los movimientos del péndulo, es empezar a asociarlos con respuestas, es decir, comenzarás a crear acuerdos mentales.

Practica el movimiento giratorio sobre el semicírculo en dirección de las manecillas del reloj, y también sobre la flecha vertical, ordenándole a tu mente que identifique estos movimientos como un **sí**.

Después, practica sobre el semicírculo que va en sentido contrario a las manecillas del reloj, y sobre la flecha horizontal, cuando el péndulo esté en movimiento, graba en tu mente que estos movimientos significarán **no**.

Repite estos ejercicios diariamente durante dos o tres semanas, hasta que pienses que estás listo para trabajar con el péndulo.

Cuando creas que estás completamente identificado con los movimientos del péndulo, comienza a practicar con algunos dibujos o fotografías.

Ejercicios prácticos

Comprobación del acuerdo mental

En una hoja blanca tamaño carta, haz dos dibujos: una casa y un árbol.

Establece el siguiente acuerdo mental: "Quiero que el péndulo gire hacia la derecha cuando señale el árbol".

Después, señala con el dedo índice de tu mano izquierda el dibujo del árbol.

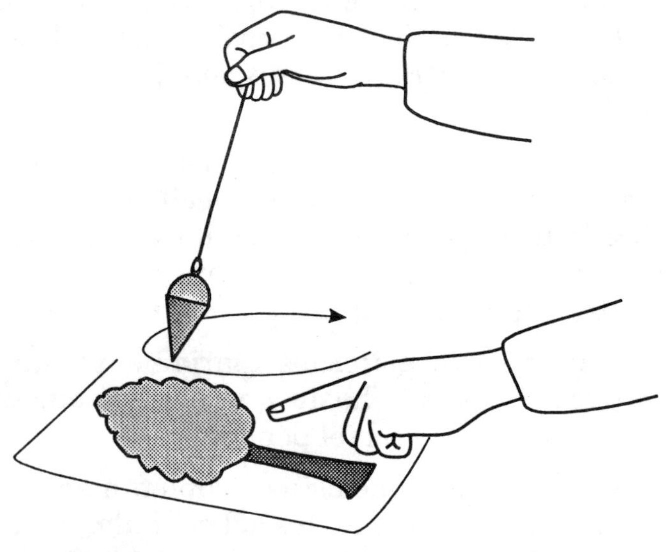

El péndulo debe girar tal como lo pensaste, y deberá detener su movimiento si señalas la casa.

Puedes repetir el ejercicio utilizando otros dibujos o fotografías.

Ya que hayas realizado bastantes ejercicios de este tipo, continuarás con algunos más complicados.

Búsqueda de objetos, bajo techo

Ejercicio 1

Para realizar el ejercicio siguiente, debes conseguir dos objetos iguales, como pueden ser dos monedas. Una de ellas se utilizará como testigo radiestésico.

Pon una moneda sobre la mesa, junto con otros objetos. Toma la otra moneda y ponla en tu mano derecha, sin soltarla al sujetar el péndulo.

Concentra tu pensamiento en el objeto de la búsqueda: la moneda.

Piensa en el acuerdo mental siguiente: *"Cuando el péndulo esté encima de la moneda, se pondrá a girar"*.

Pasa el péndulo encima de los objetos lentamente, y cuando esté sobre la moneda, girará.

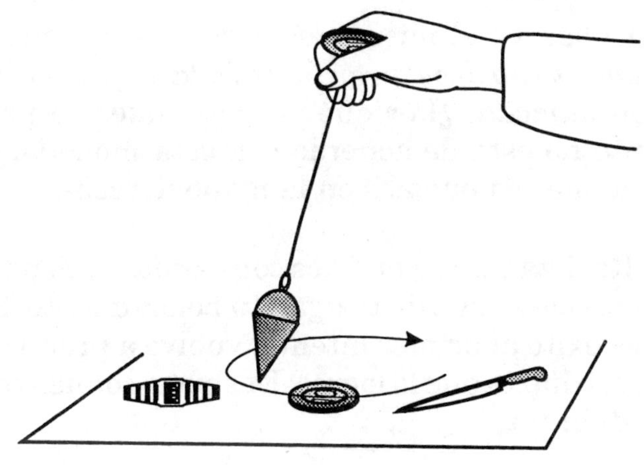

Ejercicio 2

Coloca tres tazas volteadas sobre la mesa. Después, dile a alguien que esconda en una de ellas, sin que tú lo veas, la otra moneda.

Realiza el siguiente acuerdo mental: "El péndulo girará cuando éste sobre la taza que oculta la moneda".

Coloca el péndulo encima de cada taza, durante veinte a treinta segundos.

El péndulo te indicará dónde se encuentra la moneda.

Ejercicio 3

Sin quitar la moneda de tu mano derecha, cambia la otra moneda por una completamente distinta y ponla debajo de una de las tazas.

Conserva el mismo acuerdo mental anterior. *El péndulo no debe girar sobre la taza que oculta la nueva moneda*. ¿Por qué? Porque nuestro pensamiento no está de acuerdo con esta moneda, sino con la que sostenemos en la mano derecha.

Realiza estos ejercicios con calma, y sin pensar en otras cosas que distraigan tu pensamiento. Si no tienes éxito al primer intento, vuelve a practicar el ejercicio hasta que lo logres. Después, comienza con algo diferente.

La influencia del pensamiento de otra persona

En estos ejercicios la persona que te ayude debe pensar en colaborar contigo, ya que de lo contrario, estará bloqueando su pensamiento, y tú no podrás ayudarlo.

Ejercicio 1

Consiste en que el péndulo gire o se detenga a voluntad del colaborador.

Sentados frente a frente, le pides a tu ayudante que piense intensamente en los diferentes movimientos del péndulo.

Para evitar la autosugestión, tienes que neutralizar tu mente, y pensar que el péndulo debe obedecer la voluntad de tu ayudante. Si él piensa que el péndulo debe detenerse, éste no debe girar en ningún sentido, incluso aunque se le imprima voluntariamente un movimiento oscilatorio.

Cuando tu ayudante piense que el péndulo debe girar, al cabo de algunos segundos, éste girará.

Puede ser que al principio el péndulo tarde en obedecer las órdenes de tu ayudante.

Ejercicio 2

Estando tú solo, dibuja en una hoja de papel una flecha horizontal con dirección hacia los dos lados.

Coloca el péndulo encima de esta flecha y piensa: "Cuando el péndulo esté encima de la flecha, oscilará".

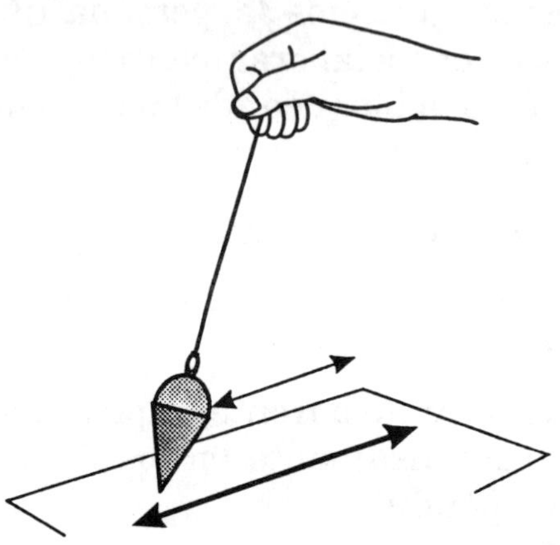

Ya que estés seguro del movimiento que realiza el péndulo, pide a tu ayudante que participe en la práctica, pensando intensamente que el péndulo debe girar (y no oscilar). Tú seguirás pensando que el péndulo debe oscilar.

Si tu acuerdo mental no es bastante fuerte, el péndulo obedecerá a la voluntad de tu ayudante. Este simple hecho explica por qué un tercero puede ocasionar un error.

Ejercicio 3

Coloca varios objetos distintos sobre la mesa. Después, pide a tu ayudante o a cualquier otra persona que piense intensamente en uno solo de los objetos que has colocado.

Dirige tu pensamiento hacia uno de los objetos, y piensa: "El péndulo girará cuando el pensamiento de esta persona y el mío coincidan".

El péndulo debe girar si ambos pensamientos son los mismos. Si el péndulo no se mueve, significa que los pensamientos no son iguales.

Ejercicio 4

Se dejan encima de la mesa los objetos que han servido anteriormente.

Pide a tu ayudante que piense intensamente en uno de estos objetos, fijando la mirada en él durante un minutó. Esto debe hacerlo sin que tú estes presente.

Regresa a la habitación y dile a tu ayudante que salga. Conserva el acuerdo mental del ejercicio anterior.

Debes obtener una reacción del péndulo, ya que girará sobre alguno de los objetos. Este movimiento te indicará cuál fue el objeto escogido por tu ayudante.

Es necesario que practiques varias veces los ejercicios anteriores, pidiendo siempre a tu ayudante que no te informe de sus pensamientos, y que no piense en varios objetos a la vez, ya que de hacerlo así, los pensamientos de ambos no estarán de acuerdo, y el péndulo no se moverá.

Búsqueda de objetos, al aire libre

Ejercicio 1

Toma un cartón pequeño y córtalo en dos partes iguales. Pide a otra persona que esconda una de esas partes en el exterior: un patio o un jardín.

La otra parte del cartón te servirá como testigo radiestésico.

El primer paso será encontrar la dirección aproximada del objeto escondido.

Colócate en el área del lugar donde ha sido escondido el pedazo de cartón. Luego pide que te dejen solo.

Con la mano derecha toma el péndulo y la otra parte del cartón. Tu brazo izquierdo extendido te servirá como "antena".

Debes tener el acuerdo mental siguiente: "Cuando mi mano izquierda señale hacia el trozo del cartón, el péndulo girará".

Cuando tu mano se halle en la dirección del objeto escondido, el péndulo debe girar.

Ya que sabes la dirección aproximada del escondite, tratarás de encontrar el objeto, procediendo por eliminaciones sucesivas.

Camina en la dirección indicada por el péndulo y elige el siguiente acuerdo mental: "Cuando la dirección de mi mirada y mi mano se encuentren en la dirección del pedazo de cartón, el péndulo empezará a girar". Después de varios intentos, lograrás encontrar el lugar exacto del escondite.

Realiza esta práctica varias veces, llevando una relación de aciertos y fracasos.

Ejercicio 2

Toma una cubeta con agua, y llena un tubito de vidrio con el agua de esta cubeta.

Dile a cualquier persona que esconda la cubeta de agua, poniéndola fuera de tu vista.

El tubito con agua te servirá como testigo radiestésico.

Con el péndulo y el tubito en tu mano derecha, camina lentamente, pensando con intensidad en la cubeta llena de agua y repitiendo mentalmente:

"Cuando esté en la dirección de la cubeta, el péndulo girará".

Ya que tienes la dirección indicada, procede igual que en el ejercicio anterior, y encontrarás la cubeta con agua.

Con esta clase de ejercicios es como se pueden localizar pozos o corrientes subterráneas de agua, así como determinar la profundidad a que se encuentran.

Lo único que debes hacer es pensar intensamente en el agua, estableciendo el acuerdo mental de que, cuando camines sobre el pozo o corriente, el péndulo se moverá.

Para saber la profundidad tendrás el acuerdo mental siguiente: "Cada vuelta de péndulo equivale a 1 metro de distancia".

Así, contando las vueltas del péndulo sabrás cuánto es necesario cavar para encontrar el agua.

Ejercicio 3

En un lugar donde se encuentren varios árboles, pide a una persona que corte una pequeña rama de alguno de ellos, sin que tú lo veas.

La rama cortada te servirá como testigo radiestésico, para saber a cuál árbol pertenecía.

La persona que cortó la rama no debe hallarse presente, para evitar algún contacto mental en el momento de realizarse la búsqueda. Sólo la llamarás cuando hayas terminado la práctica, con objeto de comprobar el resultado.

Con el péndulo y la rama en la mano derecha, recorre todos los árboles lentamente, y piensa en el acuerdo mental siguiente: "Cuando mi mano se encuentre frente al árbol del cual procede la rama que sostengo, el péndulo girará".

Si tu acuerdo mental es intenso, el péndulo se movera frente al árbol correcto.

Comprueba la exactitud de la localización preguntando al ayudante.

Repite este ejercicio varias veces, con distintos ayudantes y con otros árboles.

Elección de una dieta

Ejercicio 1

Haz una lista con los nombres de muchos alimentos, separándolos en grupos, que pueden ser: frutas, verduras, cereales, carnes, lacteos, etc.

Forma en tu pensamiento el siguiente acuerdo mental: "Si el alimento es bueno para mí, el péndulo girará hacia la derecha; y si no, girará hacia la izquierda".

Coloca el péndulo encima de cada nombre y pregunta si tal alimento es conveniente para tu dieta. Anota la respuesta en cada caso.

Ejercicio 2

Coloca sobre una mesa todos los alimentos que puedas, ya sean naturales o procesados.

Con el mismo acuerdo mental del ejercicio anterior, ve poniendo el péndulo encima de cada alimento y pregunta si es bueno para que lo comas.

Las respuestas de este ejercicio deben coincidir con las del anterior, de esta manera, estarás más seguro de la efectividad del péndulo.

Elección de una pareja

Con el péndulo es posible saber si los sentimientos de otra persona son compatibles con los de uno.

Para saber esto no es necesario que la otra persona se encuentre presente, sólo tienes que pensar intensamente en ella.

Ejercicio

En una hoja de papel escribe tu nombre y el de la otra persona.

Debes poner tu mente en un estado neutral, sin pensar en las cualidades o defectos de esa persona, para no influenciar tu pensamiento.

Establece el siguiente acuerdo mental: "Si esta persona es compatible conmigo, el péndulo girará".

Coloca el péndulo encima de los nombres y obsérvalo. Si su movimiento no es bien definido, significa que puede haber cierta compatibilidad, pero si gira firmemente, quiere decir que entre esa persona y tú no existirá una buena relación.

Localización de alguna enfermedad

Hay diversos métodos para localizar enfermedades con el péndulo. En Francia, Inglaterra e Italia, bastantes médicos lo utilizan, considerando este sistema como algo normal.

Pero no es necesario ser médico para saber si estamos enfermos, pues cualquier persona que sepa usar el péndulo, y que esté interesada en conservar una buena salud, podra localizar enfermedades.

Ejercicio

En una hoja de papel, dibuja un diagrama del cuerpo humano, o copia el que aquí presentamos, para que tengas una idea clara acerca del lugar donde se encuentra cada parte del cuerpo.

Arriba de la figura, escribe el nombre de la persona. Si tienes un testigo radiestésico, como pueden ser algunos cabellos de esta persona, úsalos.

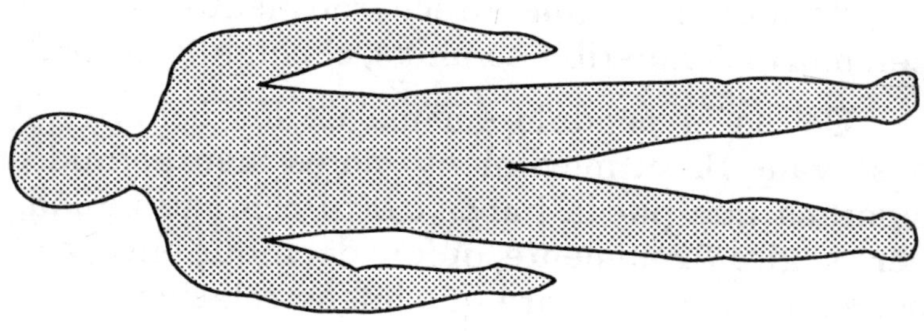

Piensa en el siguiente acuerdo mental: "Cuando el péndulo pase por alguna zona enferma, comenzará a girar".

Ve pasando el péndulo lentamente sobre cada una de las partes de la figura, hasta que el péndulo encuentre algo. Si el péndulo no se mueve, significa que la persona está sana.

Cuando el péndulo comience a girar, estará indicando que en esa zona algo anda mal.

Para saber cuál es el órgano enfermo, consigue alguna foto o ilustración con los órganos de esa parte del cuerpo. También puedes hacer una lista de estos órganos, en caso de no tenerlos ilustrados.

Cambia un poco el acuerdo mental, pensando: "Cuando el péndulo esté sobre el órgano enfermo, girará".

Coloca el péndulo encima de la ilustración, y muévelo lentamente sobre cada uno de los órganos, hasta que te indique cuál es el enfermo.

Si no tienes ilustración, y utilizas la lista de órganos, coloca el péndulo encima de cada nombre y pregunta: "¿Es este el órgano enfermo?" Cuando el péndulo gire afirmativamente, tendrás la respuesta.

Cuando ya sabes cuál es el órgano enfermo, puedes hacer preguntas más concretas, como: "¿Tiene alguna infección este órgano?" o "¿Este órgano está inflamado?"

Una de las ventajas de este método es que la persona no tiene que estar presente, basta con pensar intensamente en ella o tener algún testigo radiestésico que ayude.

Cuando la persona está presente, se sigue el mismo procedimiento para detectar la zona enferma, pasando el péndulo lentamente sobre cada una de las partes de su cuerpo, estando la persona acostada.

Localización de cosas impregnadas

Este ejercicio necesita más experiencia en el manejo del péndulo, pues se trata de encontrar algo abstracto, como son las huellas de varias personas.

Ejercicio

Toma cuatro hojas blancas de papel y pide a cuatro personas que pongan su mano durante dos o tres minutos sobre una de estas hojas, presionando un poco con las yemas de los dedos. Al hacer esto tú no debes estar presente.

En ningún momento debe haber contacto entre estas hojas.

Pídele a cada participante que escriba con lápiz su número de orden (1, 2, 3) al reverso de la hoja que le corresponda, y que pongan las hojas sobre la mesa, acomodándolas como quieran.

Cuando entres en la habitación, para iniciar la busqueda, pide a los participantes que mantengan una neutralidad mental absoluta.

Siéntate frente a la mesa, y tomando una de las hojas, pídele a uno de los participantes que ponga sus manos cerca de la hoja.

Coloca el péndulo entre la hoja y sus manos, estableciendo el siguiente acuerdo mental: "El péndulo girará si esta hoja ha sido impregnada por la mano de...".

Si el péndulo gira, significa que esa hoja tiene las huellas de esta persona, y si no gira, hay que probar con la siguiente hoja hasta encontrar la que corresponde.

Cuando localizas la hoja con las huellas del primer participante, anotas su nombre en el reverso, y continúas el ejercicio con los demás, hasta que hayas localizado correctamente las huellas de los cuatro.

Al final del ejercicio realiza la comprobación, preguntando a los participantes si el número que escribieron está de acuerdo con las indicaciones del péndulo.

Elección de un trabajo o actividad

Ejercicio

Escribe en una hoja de papel los nombres de las empresas donde te gustaría trabajar.

Pasa el péndulo encima de cada nombre y haz la pregunta: "¿Me conviene trabajar en esta empresa?" Si el pendulo se mueve afirmativamente sobre varios de estos nombres, escríbelos aparte.

En esta segunda lista, la pregunta será: "¿Es está empresa la más conveniente para mí?" El péndulo girará afirmativamente sobre uno de estos nombres.

Después, escribe los nombres de los puestos que podrías ocupar, y establece el siguiente acuerdo mental: "Cuando el péndulo pase sobre el nombre del puesto que más me conviene, comenzará a girar".

Coloca el péndulo sobre cada uno de los nombres, y cuando gire te indicará cuál es el puesto que debes solicitar.

Control del equilibrio vital

Actualmente muchas personas padecen una enfermedad de tipo mental. Esta enfermedad consiste en la incapacidad de las personas para integrar los diversos aspectos de la vida cotidiana de una manera equilibrada.

Existen personas que triunfan como empresarios, pero son un fracaso en sus relaciones personales. También hay personas que son muy hábiles con las manos, pero que no les gusta pensar o planificar.

Estas personas pueden ser mejores si intentan equilibrar sus vidas.

Isidore Friedman en su libro *The Mathematics of Consciousness* (Las Matemáticas de la Conciencia) habla de cinco aspectos vitales que deben estar en equilibrio e integrados entre sí para vivir mejor.

1. Aspecto físico.- Alimentación, higiene, buena salud, ejercicio, etc.

2. Aspecto mental.- Capacidad intelectual, facilidad de comunicación, interés mental, etc.

3. Aspecto financiero.- Profesión, ganar dinero suficiente para una vida cómoda, ganar dinero haciendo lo que a uno le gusta, etc.

4. Aspecto social.- Amistades, relaciones familiares, cariño, etc.

5. Aspecto espiritual.- Búsqueda del significado y propósito de la vida, evolución interior, etc.

La infelicidad de muchas personas se debe a un desequilibrio entre estos aspectos. Friedman utiliza la figura de una estrella de cinco puntas para saber qué aspecto está desequilibrado y dónde hay que tomar medidas correctoras.

En este libro te decimos cómo usar la estrella junto con el péndulo para que logres un mejor equilibrio en tu vida.

El siguiente ejercicio te ayudará a conocer mejor algunos aspectos de ti mismo, y tal vez te hará reflexionar sobre algunas cosas que antes te parecían sin importancia.

Ejercicio

En una hoja de papel copia la estrella que aquí te presentamos, con todos sus letreros, y escribe tu nombre en el centro.

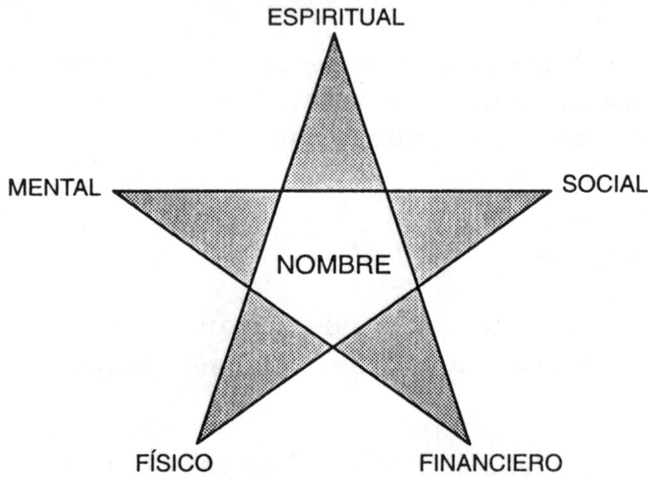

Coloca el péndulo encima de cada punta de la estrella y pregunta: "¿Estoy desequilibrado en este aspecto de mi vida?" El péndulo te indicará exactamente los aspectos en desequilibrio.

Escribe aparte los nombres de los aspectos indicados por el péndulo y pregunta: "¿Debo dar más importancia a este aspecto de mi vida?" Así sabrás cuál es el aspecto que deberás corregir primeramente.

Luego preguntarás por los aspectos restantes, hasta que los tengas por orden de importancia.

Por ejemplo, si el péndulo te indica que el aspecto con mayor desequilibrio es el fisíco, tendrás que cuidar más tu alimentación, hacer el ejercicio adecuado, etc. Si te indica que el aspecto financiero es el más desequilibrado, porque le das demasiada importancia al dinero y te obsesionas mucho con ello, tal vez necesitas reforzar el aspecto espiritual para equilibrarlo.

Te recomendamos realizar este ejercicio cada mes, para que vayas logrando un mejor equilibrio entre estos aspectos, y puedas vivir mejor.

Después de practicar todos los ejercicios anteriores, te habrás dado cuenta que el péndulo te servirá para muchas otras cosas, como pueden ser: elección de los libros que debes leer, elección de tus amistades, saber a qué lugares ir de vacaciones, búsqueda de personas u objetos sobre un mapa, etc. Lo único que debes hacer es aplicar correctamente en cada caso lo que has aprendido hasta aquí.

Verás que después de algún tiempo, tu vida habrá mejorado notablemente.

INSTRUMENTOS DE MEDICIÓN

Al trabajar con el péndulo, algunas personas se ayudan con distintos instrumentos de medición, que no son indispensables, pero sí útiles para facilitar el trabajo.

Estos instrumentos han sido diseñados por varios radiestesistas, de acuerdo al trabajo que desempeñan, es decir, que cada quien puede elaborar sus propios instrumentos de medición, según las necesidades.

La regla universal

Existe un instrumento que ha sido utilizado por muchos radiestesistas, llamado regla universal, y sirve para determinar una profundidad, la gravedad de una enfermedad, la edad de una persona, etc. Esta regla tiene unas escalas graduadas de 0 a 100 y de 200 a 1000, y en cada extremo tiene un círculo marcado con una letra (A y B respectivamente. Ver ilustración).

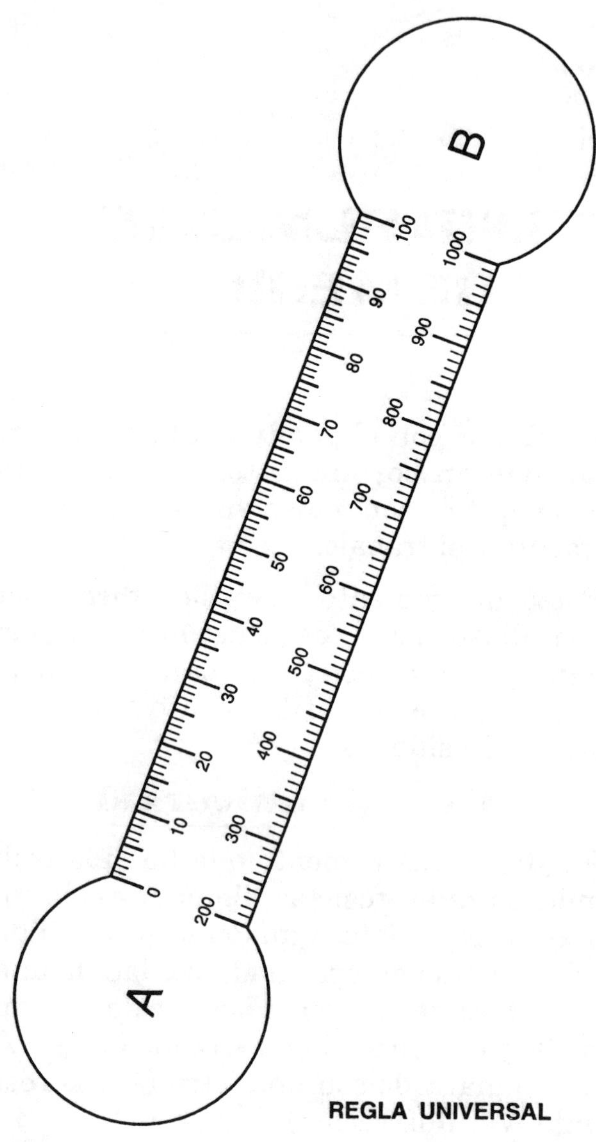

REGLA UNIVERSAL

Para explicar el uso de esta regla, te daremos un ejemplo.

Si quieres investigar acerca de la conveniencia de una persona para usar cierto perfume, realiza lo siguiente:

Coloca un frasquito con perfume para que sirva como testigo radiestésico, en el punto B de la regla universal. En el punto A, coloca un testigo radiestésico de la persona para la cual haces la investigación.

Pasa el péndulo lentamente encima de la escala de la regla, pidiéndole mentalmente que te indique el porcentaje adecuado. Si el péndulo se mueve en el 90, significa que el perfume puede ser usado con plena confianza por esa persona.

Las investigaciones que se pueden realizar usando la regla universal son muy numerosas.

Te recomendamos copiar la ilustración de esta regla, sobre una cartulina rígida, para que sea durable y puedas usarla en diversos trabajos con el péndulo.

Los cuadrantes

Son llamados así algunos dibujos o diagramas que se usan al trabajar con el péndulo. Varios de estos cuadrantes han sido diseñados por científicos de gran renombre.

En seguida te diremos cómo hacer y utilizar ciertos cuadrantes que pueden servirte de ayuda, recordándote que puedes elaborar tus propios cuadrantes, según la investigación que realices.

Copia sobre cartulina los cuadrantes que te presentamos a continuación (ver ilustraciones) y practica con ellos.

Cuadrante para búsquedas

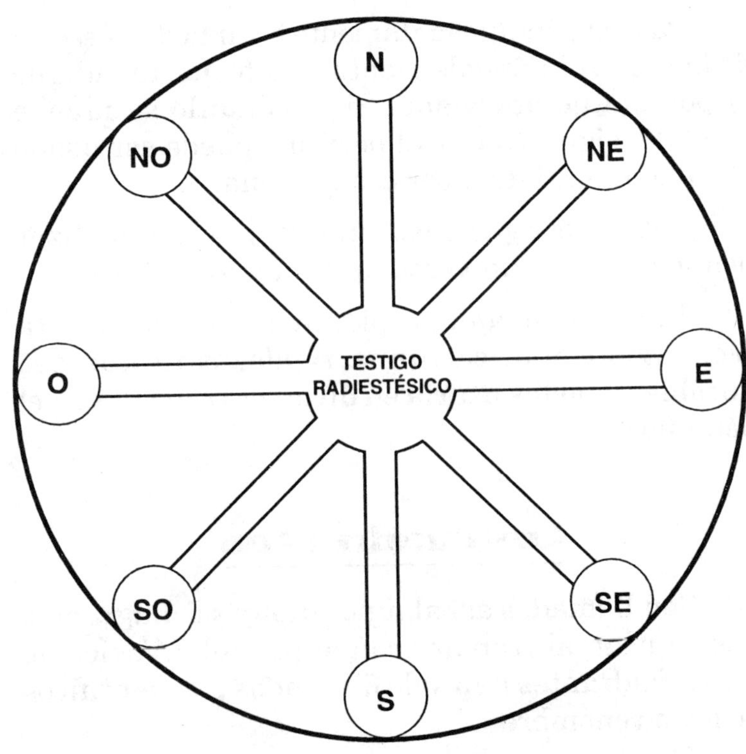

Coloca el cuadrante sobre una mesa de madera o de otro material aislante y oriéntalo de Norte a Sur, ayudándote con una brújula. En el centro del cuadrante pon el testigo radiestésico. Pasa el péndulo lentamente encima de cada punto cardinal y ordénale mentalmente que te indique cuál es la dirección en la que debes buscar a la persona u objeto pérdido.

Cuadrante de la vitalidad

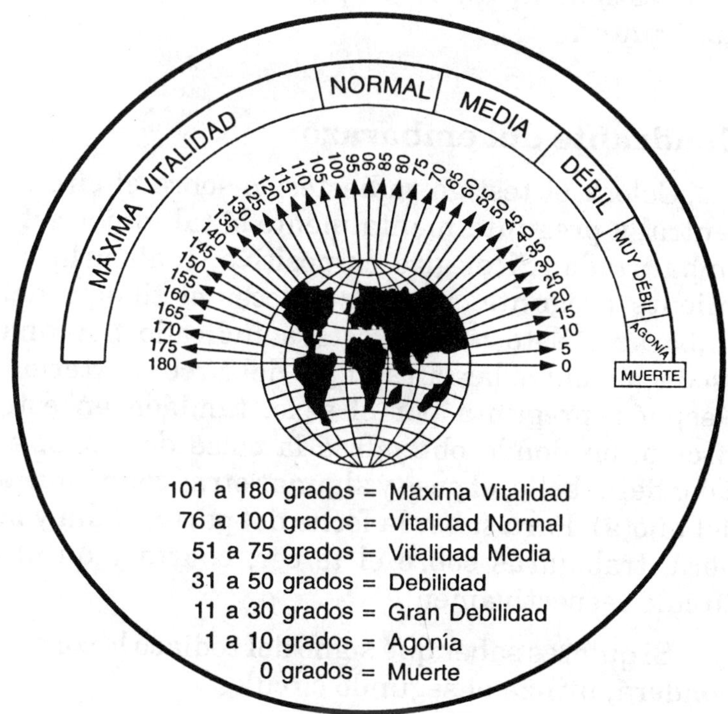

Este cuadrante fue diseñado por Egidio de Carlini, quien explica su uso, así: "nos hacemos sensibles al testigo radistésico, que generalmente es una fotografía. Llevamos el péndulo al centro del cuadrante y formulamos la primera pregunta mental: ¿está viva la persona (decimos el nombre, si lo sabemos), a quien corresponde esta fotografía? Esperamos la reacción del péndulo. Si hay un giro en sentido negativo, significa que la persona ya murió. Si la respuesta es un giro positivo, entonces preguntamos el grado de vitalidad de la persona en cuestión, llevando el péndulo al centro del cuadrante".

Cuadrante del embarazo

Coloca el testigo radiestésico sobre el círculo central y pregunta mentalmente si tal mujer está embarazada. Si el giro es positivo, realiza la siguiente pregunta, para establecer el tiempo del embarazo. Este tiempo estará indicado por una oscilación entre las cifras 1 y 9 del círculo exterior. Después, pregunta por el sexo, también en este círculo, en donde obtendrás la clase de parto, el color del cabello, el peso y algunas otras condiciones del hijo(a). Para saber la fecha del parto, el día y la hora, trabajarás sobre el tercer, cuarto y quinto círculo respectivamente.

Si quieres saber qué signo del zodiaco le corresponderá, utiliza el segundo círculo.

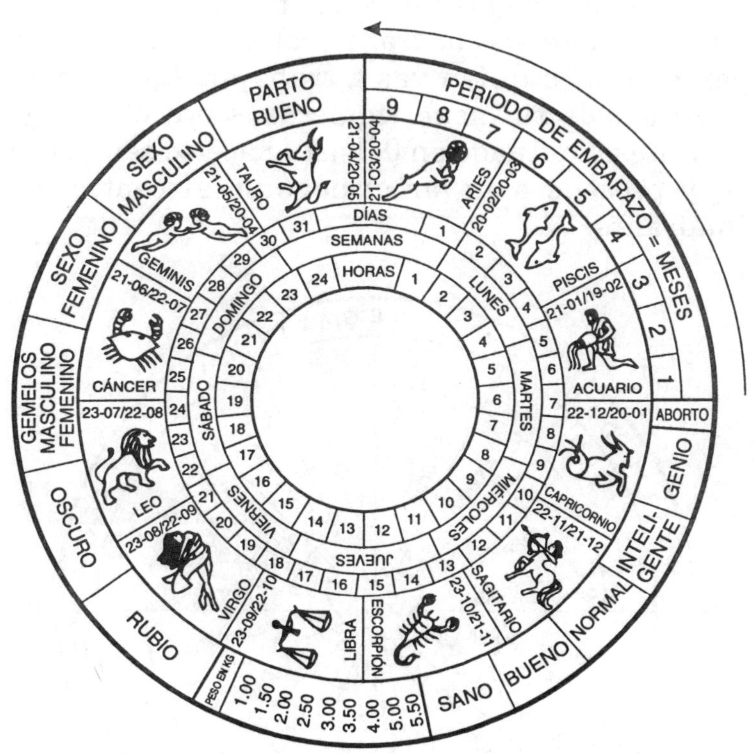

Cuadrante de los sentimientos

Diseñado por Valeria Peretti, este cuadrante se emplea de la manera siguiente:

Con la ayuda de una brújula, orienta el cuadrante de Norte a Sur. Tú te situarás frente al Sur. En el lugar señalado con 0, pero fuera del cuadrante, coloca el testigo radiestésico de la persona que vas a interrogar. En el sitio señalado con una E, pero también fuera del cuadrante, coloca el testigo de la persona para quien vas a trabajar. Luego, pon la palma de tu mano izquierda sobre el testigo radiestésico situado en 0, hasta hacerte sensible a él, y procede a llevar el péndulo al centro del cuadrante.

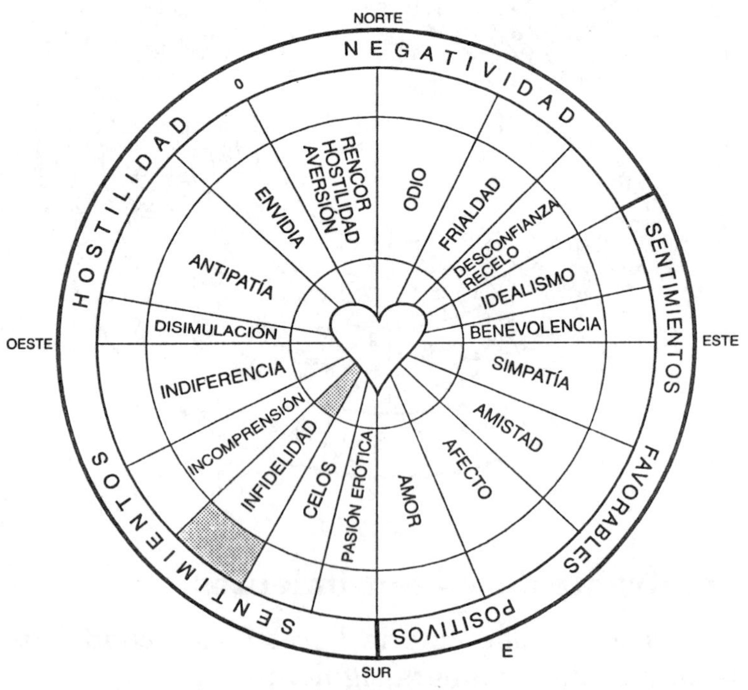

Haz mentalmente la pregunta acerca de los sentimientos de una persona hacia la otra, ordenándole al péndulo que se mueva para indicarte un sector del cuadrante.

Después, cambia de posición los testigos radiestésicos, e interroga al testigo que antes estaba en E, para saber qué sentimientos tiene al respecto de la otra persona.

Este ejercicio se hace sin que estén presentes las personas interesadas, para que no influyan con sus pensamientos en el resultado.

Cuadrante de simpatía-antipatía

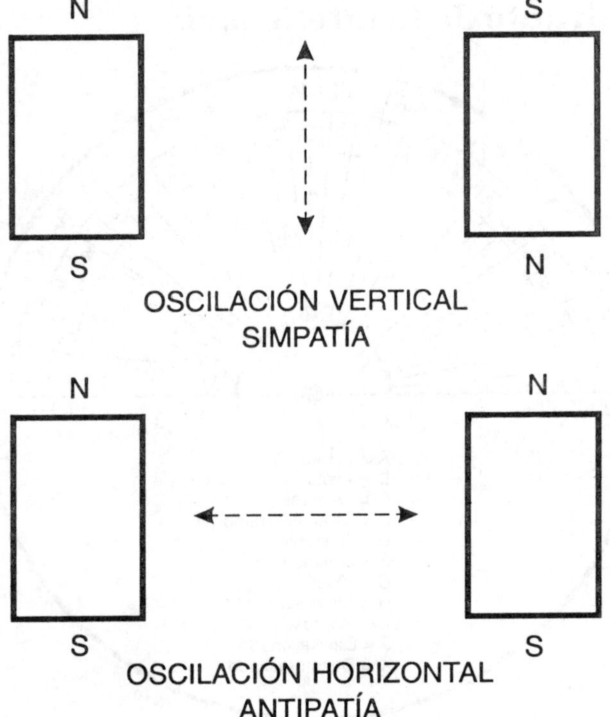

Coloca el testigo radiestésico masculino en el rectángulo superior de la derecha, y el testigo radiestésico femenino en el rectángulo superior de la izquierda. Sostén el péndulo entre los dos rectángulos y haz la pregunta acerca de la atracción entre estas dos personas, si el péndulo se mueve verticalmente, significa que existe simpatía entre ellos, ya que los polos contrarios se atraen. Por el contrario, si el movimiento del péndulo es horizontal, quiere decir que hay un rechazo entre ellos.

Cuadrante de la inteligencia

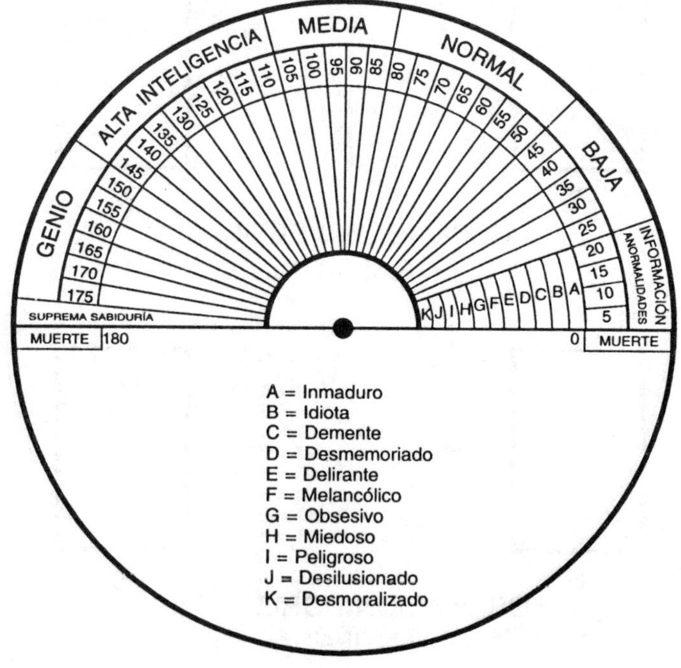

Coloca el péndulo sobre el punto negro situado en el círculo central, y pon el testigo radiestésico de la persona a un lado del cuadrante, para hacerte sensible a ella.

Pregunta cuál es el grado de inteligencia de esa persona. Si el péndulo oscila entre el sector 45/80 grados, se entederá que tiene un índice normal, pero si la oscilación es hacia otro lado, hay que observar detenidamente lo que indica.

Luego ve poniendo el péndulo sobre las letras de la A a la K, para saber en qué grupo se encuentra esa persona.

Cuadrante de cualidades y defectos

Coloca el testigo radiestésico de la persona a un lado del cuadrante.

Sostén el péndulo sobre cada uno de los números, mientras preguntas mentalmente: esta persona tiene la cualidad No. 1, No. 2, etc. o bien, tiene el defecto No. 1, No. 2, etc. El péndulo girará indicando un sí o un no en cada caso.

Ya que tienes la información de las cualidades y los defectos, pregunta por el grado respectivo utilizando los rectángulos que dicen mucho, medio y poco.

CUALIDADES

1 INTELIGENCIA	3 BONDAD	5 VALOR
2 LEALTAD	4 FIDELIDAD	6 ORDEN

DEFECTOS

1 EGOÍSMO	3 CELOS	5 PEREZA
2 EMBRIAGUEZ	4 INFIDELIDAD	6 DESPILFARRO

MUCHO
MEDIO
POCO

Cuadrante de proyectos y negocios

Debes utilizar como testigo radiestésico un resumen del proyecto o negocio que quieres hacer. Escribe este resumen con lápiz, sobre un papel blanco, y dobla el papel en cuatro partes o más, teniendo cuidado de que lo escrito quede hacia adentro.

Coloca el péndulo encima del medio círculo negro, y pregunta cómo sería ese negocio para ti. El péndulo se moverá hacia uno de los sectores del cuadrante, indicando la respuesta.

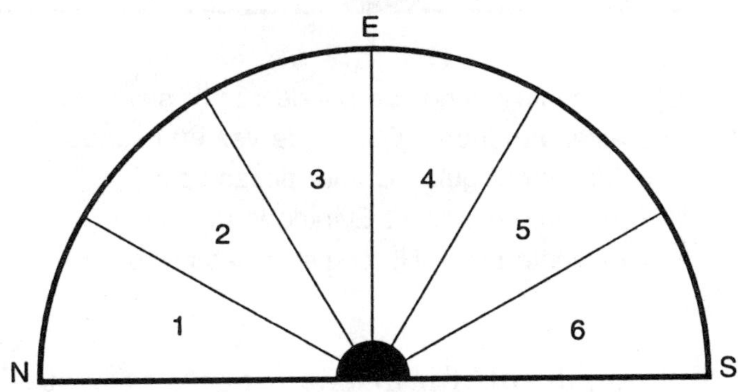

1 = Muy ventajoso
2 = Benéfico
3 = Peligroso
4 = Poco útil
5 = Debe cambiarse
6 = Esperar

Cuadrante de los alimentos

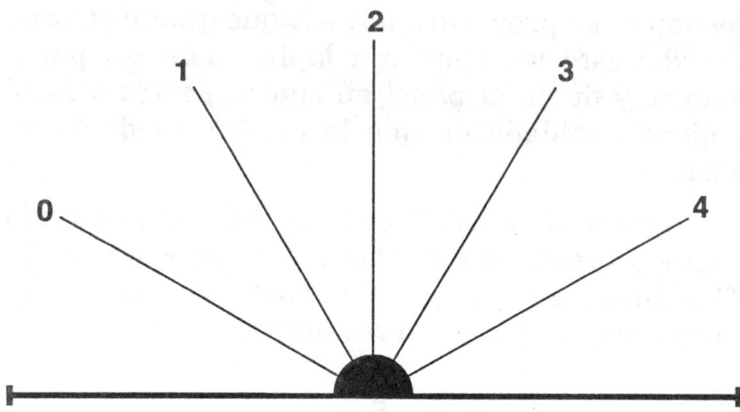

0 = Alimento bueno. Se puede comer siempre
1 = Alimento bueno. Comer de vez en cuando
2 = Alimento regular. Comer pocas veces
3 = Alimento riesgoso. Evitarlo lo más posible
4 = Alimento malo. No comer en absoluto

Este cuadrante fue diseñado por la radiestesista Anne Williams.

Con este cuadrante evitarás ingerir alimentos que pueden causarte problemas de salud.

Coloca una muestra del alimento en cuestión o el testigo radiestésico artificial del mismo. Pon la palma de tu mano izquierda sobre la muestra o testigo artificial.

Ubica el péndulo en el centro del cuadrante y pregunta mentalmente: "¿Cómo me caerá este alimento?" o "¿Cómo le caerá a tal persona?"

La respuesta será un movimiento hacia cualquiera de los números.

Te recomendamos hacer este ejercicio cada que tengas dudas sobre algún alimento.

Después de practicar con estos cuadrantes, seguramente te habrán surgido ideas acerca de la elaboración de otros distintos, que te pueden servir para casos específicos.

De no ser así, te aconsejamos que pienses en ello y comiences la elaboración de algún cuadrante que te ayude en tus trabajos con el péndulo.

COMENTARIOS FINALES

En todas las épocas muchas personas han buscado la manera de vivir mejor, de ser felices, de lograr un perfecto equilibrio en su vida. Actualmente, existen diversos métodos para lograrlo, como pueden ser: la práctica del yoga, la astrología, la meditación, etc.

El uso adecuado del péndulo es otra posibilidad. Si conoces perfectamente los secretos del péndulo, puedes utilizarlos para realizarte como una persona equilibrada y feliz.

El péndulo te ayudará a conocer nuevos aspectos de tu vida, de tipo sentimental, físico o espiritual.

Los beneficios que puedes obtener con el uso del péndulo son incalculables, ya que te ayudará a eliminar la incertidumbre en la toma de decisiones y resolución de problemas.

Practica con el péndulo en forma disciplinada y constante hasta que logres buenos resultados, y aplica tus conocimientos de manera positiva, en tu propia vida, y en la de las personas que te rodean.

Consideramos necesario recordarte nuevamente que la paciencia y la perseverancia son dos factores muy importantes para lograr el perfecto conocimiento de los secretos del péndulo.

Te deseamos buena suerte y esperamos que tengas éxito en cualquier cosa que hagas.

BIBLIOGRAFÍA

Askew, Stella. *How to Use a Pendulum*. Mokelumne Hill, CA: Health Research, 1955.

Auscher, Jean. *L'Art de Découvrir les sources et de les capter*. Bailliere. París, 1930.

Bersia, A. *La Radiestesia a su alcance*. Editorial Diana. México, 1977.

Bourdoux, J. L. *Notions practiques de Radiesthésie pour les missionaires*. Editions Casterman. Tournia, 1939.

Burgués, J. M. *Radiestesia Práctica*. Editorial Sintes S. A. Barcelona, 1979.

Charbonnel, J., et Gau, I. *Notions Générales et Practiques de Radiesthésie*. Maison de la Radiesthésie. París, 1964.

Chevreul, Michel E. *De la Varilla Adivinatoria, del Péndulo llamado Explorador y de las Mesas Giratorias*. Editorial Humanitas. Barcelona, 1982.

De Carlini, Egidio. *Le Maraviglie della Radiestesia*. Ed. Vannini. Brescia, 1977.

France, Henry de (fils). *A la Recherche de L'Inconnu*. Desforges. París, 1977.

Friedman, Isidore. *The Practical Use of the Pendulum*. Brooklyn, Nueva York: The Society for the Study of the Natural Order, 1976.

Hitching, Francis. *Pendulum, the Psi Connection*. William Collins Sons & Co. Ltd., Glasgow, 1977.

Jurion, R. P. Jean. *La Radiesthésie. Techniques et Aplications*. Pierre Belfond. París, 1976.

Kersaint, Jean-Pol de. *Tout par la Radiesthésie*. Editions Dangless. París, 1974.

Kirchner, Greog. *Pendule et Baguette*. Le Jour, Editeur. París, 1977.

Lacroix, A; L'Henry, René. *Manual Théoeique et Practique de Radiesthésie*. Editions Dangles. París, 1935.

Leprince, Albert Dr. *Radiations des phografies et des écrits*. Dangles. París. 1942.

Luzy, Antonie. *La Radiesthésie Moderne*. Dangles, París, 1970.

Mermet, Abbé Alexis. *Comment j'opere pour découvrir de prés ou a distance sources, métaux, corps caché, maladies*. Maison de la Radiesthésie. París, 1960.

Moine, Michel. *Guide de la Radiesthésie*. Editions Stock. Nancy, 1973.

Moine, Michel. *La Radiestesia.* Ediciones Martínez Roca S. A. Barcelona, 1974.

Nielsen, Greg; Polansky, Joseph. *El Poder del Péndulo.* Editorial EDAF, Madrid, 1988.

Pilón, José María s. j. *Radiestesia Psíquica.* Ediciones Mundi-Prensa. Madrid, 1976.

Regnault, Jules Dr. *Baguettes et Pendules.* Edit. Payot. París, 1948.

Saint-Marc, André de. *La Téléradiesthésie, Manual Practique de Radiesthésie.* Editions J. B. G., París, 1977.

Saint-Marc, André de. *La Lecture de Caractére au Pendule.* Editiones Jacques Bersez. París, 1977.

Vallemont Abbéde. *La Pshysique Occute.* París, 1963.

ÍNDICE

INTRODUCCIÓN 5

BREVE HISTORIA DEL PÉNDULO 9
Desarrollo de la Radiestesia 11

EL PÉNDULO Y LA RADIESTESIA EN LA ACTUALIDAD 13
La tendencia mental 17

AUXILIARES DEL PÉNDULO 21
El entrenamiento mental 22
El acuerdo mental 22
Los testigos radiestésicos 23
Testigos radiestésicos objetivos 24
Testigos radiestésicos subjetivos 30

¿POR QUÉ SE MUEVE EL PÉNDULO? 33

ELABORA TU PROPIO PÉNDULO 37

PRACTICANDO CON EL PÉNDULO 43
Cómo sostener el péndulo 45
El trabajo mental 47
Ejercicios para desarrollar la concentración mental 48
Primeros ejercicios con el péndulo 50
Ejercicios prácticos 53

INSTRUMENTOS DE MEDICIÓN 75
La regla universal 75
Los cuadrantes 77

COMENTARIOS FINALES 91

BIBLIOGRAFÍA 93

TÍTULOS DE ESTA COLECCIÓN

Aceites y Velas Angélicas. *Fils du Bois*
Brujería. *Tamara*
Cómo Preparar Talismanes. *Nick Farell*
Duendes, Gnomos, Hadas, Trolls... *Varios*
El Esplendor de los Cristales de Cuarzo. *J. Dent*
El Evangelio oculto. *Neil Douglas-Klotz*
El Libro de los Símbolos. *Koch R.*
El Oráculo de las Runas. *Lawrence Cecil*
El Péndulo. Todo Acerca de Ellos. *Jared O'Keefe*
El Tarot. Sus Claves y Secretos. *Rut-Gar*
El Verdadero Camino del Cristal. *Simon y Sue Lilly*
Elige tu Pareja con la Astrología. *Amanda Starr*
En Busca de la Pareja Ideal. *Claire Savard*
Gnostisismo. *Stephan A. Hoeller*
Guía Completa de la Quiromancia. *Batia Shorek*
Jugando con las Cartas Predices tu Futuro. *H. Morag*
Karma, Destino y Profesión. *Nanette V. Hucknall*
La Ciencia y lo Sagrado. *Ravi Ravindra*
La Esencia Curativa de los Árboles. *Simon y Sue Lilly*
La Fuerza de los Talismanes y Amuletos. *L. Cecil*
La Magia de Isis. *M. Isidora Forrest*
La Magia en tus Manos. *Brian Snellgrove*
La Sibila. Adivinadora de la Lotería
Las Velas y su Magia. *Feu du Bois*
Los Aromas y su Magia. *Fils du Bois*
Los Colores y su Magia. *Fils du Bois*
Los Inciensos y su Magia. *Fils du Bois*
Los Magnetos. *L. H. Rutiaga*
Los Números y su Magia. *Martin Ituarte*
Los Secretos del Péndulo. *Ralph Rutti*
Magia Blanca. *Tamara*
Misterios de la Luna. *Jan Brodie*
Mi Primer Libro de Tarot. *Kris Hadar*
Nuestro Arco Iris... El Aura. *L. H. Rutiaga*
Numerología Día a Día. *Lia Robin*
Recetario Mágico. *Marco Antonio Villasana*
Recetas Mágicas. *Horacio Polanco*
Símbolos del Alma. *Gina Lake*
Trabajando con la Energía de Merlín. *Geoff Hughes*
Tratado de las Artes Adivinatorias. *Anthony Tate*
Tu Fortuna en una Taza de Café. *Sophia*
Uso y Significado del Pentagrama Esotérico. *Filius Nemus*
Yi Ching. Ilustrado. *Richard Wilhelm*

Esta obra se Imprimió
En los talleres de
IMPRESOS MEGA UNIÓN S. A. de C.V.
Calle 10 № 1 esq. Av 6 pte
Col. Renovación Deleg. Iztapalapa
C. P. 09209 México D. F.
Tel: 15 46 31 62